Eduard Ichon (Hg.)

Jahre Bremer Schauspielhaus 1910-1930

Ichon, Eduard

Zwanzig Jahre Bremer Schauspielhaus 1910-1930

ISBN: 978-3-86741-495-1

Auflage: 1
Erscheinungsjahr: 2010
Erscheinungsort: Bremen, Deutschland

© Europäischer Hochschulverlag GmbH & Co KG, Fahrenheitstr. 1, 28359 Bremen (www.eh-verlag.de). Alle Rechte beim Verlag und bei den jeweiligen Lizenzgebern.

Bei diesem Titel handelt es sich um den Nachdruck eines historischen, lange vergriffenen Buches aus dem Verlag Werbezentrale Hansa/Albert Wichelhaus, Bremen. Da elektronische Druckvorlagen für diese Titel nicht existieren, musste auf alte Vorlagen zurückgegriffen werden. Hieraus zwangsläufig resultierende Qualitätsverluste bitten wir zu entschuldigen.

ZWANZIG JAHRE BREMER SCHAUSPIELHAUS 1910–1930

LEITUNG:
JOHANNES WIEGAND
UND DR. EDUARD ICHON

Verlag:
Werbezentrale Hansa,
Albert Wichelhaus
Bremen

Schriftleitung:
Carl Witte

Druck:
Carl Schünemann
Bremen
Gegr. 1810

Photo Brockshus

Wenn wir zwanzig Jahre das Bremer Schauspiel
Widerstände bringen konnten, überkommt uns,
mit wieviel Liebe und tätiger Anteilnahme unser
standen hat. Dafür danken wir ihm von Herzen
Bremer Schauspielhaus, das Bremer Mitbürger ge
weiter zu einer Hochburg deutscher Kunst auszu

J. Wiegand

Photo Brockshus

haus führen durften und es siegreich über alle
im stillen Rückblick, ein großes Glücksgefühl:
Bremer Publikum hinter unserer Arbeit ge-
und fühlen tief in uns die Verpflichtung: das
schaffen und alle Bremer erhalten haben, auch
gestalten, die unserer Vaterstadt zur Ehre gereicht

Dr. Ed. Ichon

BREMER SCHAUSPIELHAUS

VOR ZWANZIG JAHREN

Immer hat sich das Theater den Wandlungen der dramatischen Dichtung anpassen müssen. Aber selten ist das ohne Kampf abgegangen.

Auch in Bremen ist es nicht anders gewesen. Nur langsam stieg auch hier, im ersten Jahrzehnt des zwanzigsten Jahrhunderts, die Erkenntnis auf, daß das Stadttheater, bisher die einzige Pflegestätte der dramatischen Kunst in der Stadt, seinen wachsenden Aufgaben nicht mehr „gewachsen" war. Weil es nicht mit ihnen zu wachsen vermochte. Sollte doch dort nicht nur das Schauspiel, sondern auch die Oper zu Wort kommen. Die großen Kosten aber, die diese verschlang, mußte ersteres einbringen. So trat das Kassenstück unter dem Zwange der Lage sozusagen automatisch in den Vordergrund des Spielplans. Der Pächter des Stadttheaters war kontraktlich verpflichtet, eine bestimmte Anzahl klassischer Werke in jeder Spielzeit zur Aufführung zu bringen. Aber er selbst allein hatte darüber zu entscheiden, wieviel von der wirklich bedeutenden „Bühnenproduktion" des Tages er seinem Publikum vorsetzen wollte. Auch war der Theaterfreund einzig und allein auf die städtische Bühne angewiesen. Unter solchen Umständen drang er natürlich mit seinem Verlangen nach einer stärkeren Berücksichtigung der neueren

Othello

Die heilige Flamme

dramatischen Literatur nicht durch. Die Kritik unterstützte zwar diese Wünsche energisch; aber praktisch war auch sie ohnmächtig. Die, wenn nicht rechtlich, so doch tatsächlich bevorrechtete Stellung des Stadttheaters hemmte jede weitere Entwicklung des bremischen Bühnenwesens. Immer drückender machte sich diese Erkenntnis auch bei den theaterfreudigsten Kreisen geltend. Gerade in jener Zeit drängten die Kräfte der zeitgenössischen dramatischen Dichtung mächtig und verheißungsvoll vorwärts. Und nicht einmal von den neuen Schöpfungen ihrer Hauptvertreter erhielt man ein einigermaßen zureichendes Bild.

Aber was tun? Mit Anklagen, Fordern, Schelten, Kritisieren war — die Erfahrung hatte es ja gezeigt — nichts Entscheidendes zu erreichen. Es blieb nur eine Möglichkeit: es mußte ein zweites Theater geschaffen werden. Und dieses mußte seine Arbeit in erster Linie dem neueren und neuesten Drama zuwenden.

Das war freilich leichter gesagt als getan. Wer sollte das neue Unternehmen finanzieren? Und wer sollte es leiten?

Wie so oft ermöglichte auch hier ein glückliches Zusammentreffen von Umständen, die scheinbar hoffnungslose Aufgabe zu lösen.

Es gab 1910 ein kleines Volkstheater in der Neustadt, das in der Hauptsache Possen und Volksstücke zur Aufführung brachte. Eben damals mußte sich dessen Leiter, Emile Evrard, entschließen, mit Rücksicht auf den wachsenden Andrang der Besucher, nach größeren Räumlichkeiten Umschau zu halten. Seine Wahl fiel auf die „Neustädter Tonhalle", ein Gebäude

Eröffnungs-Vorstellung am 13. August 1910

Vater und Sohn

Lustspiel in 3 Aufzügen von Gustav Esmann

Regie: Otto Matthes

PERSONEN:

Holm, Großhändler	Karl Jönsson
Frau Holm	Elisabeth Toran
Paul } ihre Kinder	Otto Kustermann
Agathe }	Ida Sanders
Bremer, Agathes Bräutigam	Josef Robert
Ethel Holm	Paula Wirth
Bertha Lund	Elsbeth Perron
Camilla	Luise Duchow
Neergaard	Max Andreas
Lövgaard	Franz Stein
Hendricksen	Margar. Waland
Dienstmädchen	Rosa Conradi

Zeit der Handlung: Gegenwart.

Ort der Handlung: Kopenhagen.

Nach dem zweiten Akt findet die Haupt-Pause statt.
Während derselben
wird der eiserne Vorhang herabgelassen.

Anfang der Vorstellung: $8\frac{1}{2}$ Uhr.

Ende $10\frac{3}{4}$ Uhr.

am Neustadtswall, nur wenige Schritte von seinem eigenen „Thalia-Theater" entfernt. Aber die Umwandlung der kleinen Volksbühne in ein Theater großen, neuzeitlichen Stils war damit noch lange nicht erreicht. Sie kam erst zustande, als Johannes Wiegand in die Direktion eingetreten war. Er stand nicht nur als selbstschaffender Dramatiker mit dem lebendigen Theater der Zeit, seinen Schöpfungen, seinen bekanntesten Vorkämpfern, seinen verschiedenen „Richtungen" persönlich in naher Beziehung, sondern er hatte auch Gelegenheit gehabt, sich der neueren Literatur der Zeit gegenüber kritisch zu betätigen. So wußte er genau, worauf es ankam.

Doch es bedurfte noch einer gewaltigen Arbeit, bis die neue Bühne eröffnet werden konnte. Natürlich war es ausgeschlossen, daß sie mit der gewesenen „Neustädter Tonhalle" auch nur die geringste Ähnlichkeit behalten hätte. Und ein Theater ist mehr als ein beliebiges öffentliches Gebäude wie andere auch. Es kann nicht ins Leben treten ohne ein sorgsam durchdachtes Programm. Es bedarf einer diesem entsprechenden ausgiebig ausgestatteten Bühneneinrichtung mit ihrem großen technischen und künstlerischen Apparat. Und vor allem braucht es ein geschultes Darstellungspersonal, das auszuwählen allein ein schwieriges Problem bedeutet.

Und schließlich: wieviel Überlegung, wieviel geistige Arbeit jeder Art mußte doch auch an den Neubau als solchen gewendet werden. Aber in dem Architekten J. W. Ostwald und dem Diplom-Ingenieur W. Görig fanden sich Männer, wie die

Rivalen

Flieg roter Adler von Tirol

Sache sie forderte. Der von ihnen geschaffene Bau durfte sich in all seiner äußeren Schlichtheit dank der feinen und behaglichen Ausgestaltung der Innenräume und der Leistungsfähigkeit des technischen Apparats mit Ehren unter seinesgleichen sehen lassen.

So gut wie alles, was zur Ausstattung gehörte, war zudem das Werk einheimischer Künstler und Kunsthandwerker. Den ausgesprochen bremischen Charakter, den das „Bremer Schauspielhaus am Neustadtswall" seinen Begründern und Leitern — nach dem baldigen Ausscheiden Emile Evrards war Dr. Eduard Ichon in die Direktion eingetreten — verdankt, hat es denn auch immer bewahrt.

„Im Spiel das Leben" war über dem Eingang des Theaters am Neustadtswall zu lesen. Hier steht also das „Spiel" an erster Stelle: und nicht umsonst. Ein auch hohen und höchsten Aufgaben seiner Kunst gewachsenes Bühnenpersonal zu haben, darauf hat das Schauspielhaus gleich von Anfang an sein Hauptaugenmerk gerichtet. Noch heute leben viele der Namen, die 1910 das Ensemble zierten, bei dem — in Beziehung auf schauspielerische Leistungen bekanntlich sehr anspruchsvollen — Bremer Publikum in dankbarer Erinnerung fort. Man braucht ja nur an Paula Wirth zu denken: ihre erschütternde, markaufwühlende Wiedergabe den ganzen Menschen erfassender Leidenschaft stand an elementarer Wucht und dichterischer Innerlichkeit unerreicht da. Aber auch Otto Kustermann, Otto Matthes, Max Andreas, Karl Jönsson, Julius Donat, Wilhelm Dohme, Elsbeth Perron und last not least Justus Ott sollten sich bald die Herzen ihrer Hörer dauernd gewinnen.

DAS FRÜHERE SCHAUSPIELHAUS AM NEUSTADTSWALL

Und lockende Probleme stellte ihnen das Programm jener ersten Spielzeit. Vor allem nahm ein großer Ibsen-Zyklus die ganze psychologische Hellsichtigkeit der Darsteller und eine ebenso feine als energische Charakterzeichnung in Anspruch. Björnson, Hauptmann, Heijermans, Schnitzler, Halbe u. a. m. füllten mit ihren Werken den größten Teil des übrigen Spielplans. In einem solchen Ausschnitt aus dem dramatischen Schaffen jener Tage gelangte doch wirklich einmal etwas von seiner gesamten Farbenfülle und eigentümlichen Gedankenwelt zur Abspiegelung.

So durfte das neue Unternehmen denn im Bewußtsein gründlicher und sachkundiger Vorbereitung, ungewöhnlicher Kräfte und hochgesteckter Ziele eröffnet werden. Und als am 13. August 1910 die erste Vorstellung stattfand, stieß das Ereignis auf eine allgemeine Teilnahme, wie man sie sich nicht größer und herzlicher hätte wünschen können.

Und das von Rechts wegen!

Denn es war nicht nur ein richtiger Gedanke, der das Bremer Schauspielhaus ins Leben gerufen hatte: es waren auch richtige Grundsätze, nach denen es schon vor zwanzig Jahren geleitet wurde und denen sein größerer Nachfolger am Ostertor treu geblieben ist.

Im Brennpunkt des Interesses stand schon damals wie heute die Verkörperung der zeitgenössischen Dichtung, soweit sie auf überragenden Wert Anspruch erheben durfte. Bei der Auswahl der Stücke hat sich die Bühne aber stets die Selbständigkeit des Urteils gewahrt. So hat sie uns auch eine Anzahl von Uraufführungen geschenkt, die ihr allein schon einen ehrenvollen Platz in der Geschichte des neueren deutschen Theaters sichern würden. Gerade deutsche Dichter wurden hier in erster Linie berücksichtigt.

Daß rechte Arbeit auf die Dauer immer den verdienten Lohn findet, bewährte sich auch hier. Das Bremer Publikum spürte bald heraus, daß hier etwas von echtem Hanseatengeist am Werke war, wenn auch auf rein geistigem Gebiete, und fühlte sich „verwandtschaftlich" berührt. Diese besonnene, jeden Schritt wohlerwägende, aber auch zu immer neuem, immer größerem Wagen bereite Entschlossenheit, wie sie das junge Theater bewies, hatte ja immer unsere Besten die schwere Kunst des Erfolges gelehrt. „Du, sattle gut, und reite getrost" hatte der alte Goethe geraten, und hier hat es sich einmal gezeigt, was die getreue Befolgung solch eines Dichterworts bedeuten kann.

Denn man kann sagen: der Erfolg übertraf die kühnsten Erwartungen. Erst drei Jahre waren verflossen, da war der Wunsch schon in immer weiteren Kreisen allgemein, auch im Zentrum der Stadt ein neuzeitliches Theater, ein schönes, modernes Kammerspielhaus zu besitzen. Und es war für den guten Geist, der in Bremen lebt, bezeichnend, daß sich alsbald eine Anzahl

Doris löst die Ehefrage

von wohlsituierten, tatfreudigen Theaterfreunden zusammenfand, die den Leitern der Neustädter Bühne das nötige Kapital für die Errichtung der geplanten neuen Theaterschöpfung zur Verfügung stellten.

So erstand das Bremer Schauspielhaus am Ostertor, eröffnet am 15. August 1913, gerade drei Jahre später als das Schauspielhaus am Neustadtswall die erste Aufführung erlebt hatte. Und welchen gewaltigen Aufschwung hatte in so kurzer Zeit das ganze Unternehmen genommen. Was für glänzende Kräfte, eines ersten Theaters würdig, hatte das neue Ensemble aufzuweisen. Und welch große, bedeutende Aufgaben stellte das neue Programm. Es braucht hier ja nicht auf Einzelheiten eingegangen zu werden; sie werden den meisten Theaterfreunden ohnehin noch gut erinnerlich sein.

Und dann — kam der Krieg. Bei einem Etat von nahezu einer halben Million Goldmark bricht eine Krisis herein, die alles mühsam Errungene in Frage stellt. Viele der besten männlichen Kräfte unter den Schauspielern hatten ihrer vaterländischen Pflicht zu genügen, mehrere blieben auf dem Felde der Ehre. Aber auch in rein materieller Hinsicht war die Lage ungeheuerlich. Die Einnahmen sanken in einem Maße, wie es unmöglich vorauszusehen gewesen war.

Aber auch da hat das Unternehmen sich behauptet. Die Leiter haben auch in den Krisen der Kriegszeit, der Inflation und Deflation den Mut nie verloren, und ihre Tatkraft und Geschäftskenntnis bewährte sich wie in helleren Tagen. So konnte das Schauspielhaus auch diesen Sturm siegreich überstehen.

Weekend im Paradies

„Finden Sie, daß Constanze sich richtig verhält?"

Und in dieser Widerstandskraft offenbart sich auch wieder echter Hanseatengeist. Denn der versteht sich nicht allein auf „Wagen und Winnen", der besteht auch in dem trotzigen Mut, der sich nicht unterkriegen läßt, und wenn es noch so hart hergeht.

Und hart ist es den deutschen Theatern in den letzten anderthalb Jahrzehnten wahrlich überall gegangen. Der Staat hat die alten Stadt- und Hoftheater in eigenen Betrieb genommen und zahlt ihnen Jahr für Jahr ansehnliche Unterstützung. Das Bremer Schauspielhaus durfte sich auf solche Hilfe nicht verlassen; langsam und mühselig hat es sich aus eigener Kraft zu der heutigen Höhe — und es darf sich zu den bestbekannten deutschen Bühnen der Gegenwart rechnen — wieder emporarbeiten müssen. Es war eine Leistung ersten Ranges, die es allein damit schon vollbracht hat.

Bewundernd sei auch der Haltung des Aufsichtsrats der Bremer Schauspielhausgesellschaft gedacht: während der ganzen zwanzig Jahre, auf die das Unternehmen nunmehr zurückblicken kann, hat er unter der Führung seines Vorsitzenden Bernhard C. Heye fördernd hinter der Leitung des Theaters gestanden und sich in seiner loyalen Haltung niemals irre machen lassen.

So darf Bremen stolz sein auf diese Bühne: es ist Geist von seinem Geiste, der in ihr lebt und sie groß gemacht hat, der Geist mannhafter Selbsthilfe und unerschütterlicher Zähigkeit beim Streben nach einem großen und würdigen Ziel, der diesem Theater auch in Zukunft dauernde Blüte verheißt.   K.

Widmung

Ich wünsche dem Bremer Schauspielhaus
Jahrein, jahraus
Vor jeder entscheidenden Feuerprobe
Noch eine besondere Garderobe,
Wo man von sämtlichen Problemen,
Systemen, Schemen und Theoremen
Sich wie von Mantel und Hut befreit,
Um in den Saal nichts mitzunehmen
Als seine bloße Empfänglichkeit

Ludwig Fulda

Dr. h. c. THOMAS MANN MÜNCHEN

Mit herzlicher Anteilnahme höre ich von dem bevorstehenden zwanzigjährigen Jubiläum Ihres Theaters. Persönliche Beziehungen von früher her rechtfertigen es vielleicht, wenn ich mich den Gratulanten beigeselle. Meine Tochter, die jetzt in München spielt, war einmal Mitglied Ihrer Bühne, und damals hatte ich Gelegenheit, den Geist des Hauses, den Aufbau Ihres Spielplans und Ihrer künstlerischen Leistungen schätzen zu lernen. Ich kenne die vornehme und für seine Schauspieler wie für das Publikum erzieherische Kunstgesinnung, von der dies Haus geleitet wird, den theatralischen Idealismus, der ihm bei aller praktischen Geschmeidigkeit unveräußerlich bleibt, und der als spezifisch deutsch angesprochen werden darf. Meine Glückwünsche gelten einer zwanzigjährigen ehrenreichen Vergangenheit und einer Zukunft, für die diese Vergangenheit Gewähr bietet.

Ihr sehr ergebener

Thomas Mann

LEOPOLD JESSNER
Generalintendant des
Staatlichen Schauspielhauses, Berlin

Wenn ein Theater im Reich seiner Mission: Vorpostenkämpfe für die großen Schlachten der Metropolen zu liefern, gerecht geworden ist, so war es das Bremer Schauspielhaus.

In diesem Sinne wünsche ich diesem vorbildlich geleiteten Theater weiterhin glückliches und erfolgreiches Wirken.

Leopold Jessner.

ARTHUR HELLMER
Direktor des Neuen Theaters
in Frankfurt am Main

20 Jahre Theater ohne Subvention, 20 Jahre trotz Krieg, Inflation, Deflation! — und immer in vorderster Reihe!

Arthur Hellmer

FRITZ WREEDE
Inhaber des größten Theaterverlags
Felix Bloch Erben

Herzliche Glückwünsche dem Bremer Schauspielhaus zu seinem 20jährigen Jubiläum!

Der unbestrittene Erfolg dieser Bühne, künstlerisch und wirtschaftlich, ist die glänzendste Widerlegung der immer wieder ausposaunten Krise der Theater in Deutschland. Es gibt keine solche Krise, wenn — wie am Bremer Schauspielhaus — künstlerisch ernsthaft und wirtschaftlich rationell gearbeitet wird.

Freudig ergreift der Verleger die dargebotene Hand zu engerer Mitarbeit. Gerne vertrauen wir dem Bremer Schauspielhaus wichtige Werke und Uraufführungen an, der liebevollsten und verantwortungsbewußten Betreuung gewiß. Eine Annahme zur Uraufführung durch die Direktoren W i e g a n d und I c h o n bedeutet schon ein Werturteil über ein Stück. Wie überhaupt die enge Zusammenarbeit in der Vergangenheit oft Einfluß auch auf die Entscheidungen des Verlages über Stücke genommen hat.

In aller Zukunft soll von uns das wahrhaft innig geknüpfte Band zwischen Bremer Schauspielhaus und dem Autor festgehalten werden!

Fritz Wreede
Felix Bloch Erben

HERMANN RÖBBELING

Generaldirektor des Deutschen Schauspielhauses und des Thaliatheaters in Hamburg

Mein lieber Herr Wiegand!

Es ist mir eine ganz besonders große Freude, Ihnen zu dem großen Ehrentage Ihrer Bühne meine herzlichsten Glückwünsche auszusprechen. Zwanzig Jahre sind seit der Entstehung des Bremer Schauspielhauses vergangen, zwanzig Jahre ernster, künstlerischer Arbeit, die mit diesem Jubiläum von neuem ihre schöne Bestätigung gefunden hat. Aus kleinen Anfängen ist in dieser Zeit ein Theater erstanden, dessen künstlerischer Ruf heute weit über die Grenzen Norddeutschlands hinausgeht. Die Bedeutung dieser erstaunlich schnellen Entwicklung kann vielleicht nur derjenige richtig bewerten, der weiß, mit welchen wirtschaftlichen Schwierigkeiten ein Privattheater — wie es das Bremer Schauspielhaus darstellt — im Gegensatz zu einem staatlich subventionierten Theater zu kämpfen hat. Hier muß der Theaterleiter als Geistes- und Arbeitszentrum die Fähigkeit besitzen, organisatorisch, künstlerisch und wirtschaftlich zu gestalten und die auseinanderfallenden und sich widerstrebenden Kräfte des Theaterorganismus auf eine führende Einheit zu bringen. Diese ordnende Führung von einzeln zusammenwirkenden Kräften findet ihren Ausdruck in der Persönlichkeit des Theaterleiters, dessen, für die Öffentlichkeit anonyme Arbeitsleistung an einem solchen Ehrentage, wie ihn das Bremer Schauspielhaus jetzt feiert, einer besonderen Würdigung bedarf. Ich als Theaterdirektor zweier Schauspielbühnen Ihrer Nachbarstadt Hamburg habe seit Beginn meiner hiesigen Direktionsführung diese Entwicklung Ihres Hauses gleichsam aus der Ferne interessiert beobachtet. Zu meiner Freude darf ich sagen, daß mein persönliches Interesse an Ihrer Kulturarbeit nicht allein auf diese stille Beobachtung beschränkt blieb, sondern uns beiden gleichseitige fruchtbare Anregungen künstlerischer Natur bot, so daß aus dem stillen Beobachten langsam ein geistiges Zusammenarbeiten wurde, das schon manche schöne Frucht getragen hat.

An diesem Ehrentage, zur Stunde der Feier, wird wahrscheinlich eine kurze Pause eintreten, eine Stunde der Besinnung. Und Sie werden auf die Vergangenheit mit berechtigtem Stolz zurückblicken, deren Wert heute seine Anerkennung findet.

Der folgende Tag wird Sie vielleicht schon wieder vor neue Aufgaben stellen. Und schnell wird aus der Gegenwart eine Zukunft, deren erfolgreiche Gestaltung hoffentlich noch recht lange in Ihren Händen ruhen möge.

Mit kollegialen Grüßen

Ihr ergebener H. Röbbeling.

DR. MARTIN ZICKEL
Direktor des Theaters an der Behrenstraße, der Komischen Oper und des Lustspielhauses in Berlin

Meine sehr verehrten
Herren Kollegen!

Sie begehen Ende dieses Januar das 20jährige Jubiläum Ihres Schauspielhauses.

Ich möchte Ihnen hierzu nicht Glück wünschen.

Ich finde, wir — die deutschen Privattheaterleiter —, sollten uns gratulieren, daß wir Sie zu unseren Kollegen zählen können. Die Stadt Bremen sollte sich gratulieren, dieses Haus und Sie zu den ihren zählen zu dürfen.

Wir Privattheaterleiter, und insbesondere wir in Berlin wissen, was es heute heißt, aus eigenen Mitteln ein Theater zu führen, das belastet ist mit allen möglichen oder richtiger gesagt: unmöglichen Steuern und das ohne jede Subvention arbeiten und dabei den subventionierten Bühnen Konkurrenz bieten soll.

Sie haben dieses Haus durch die schlimmsten Gefährnisse hindurchgeführt, durch Krieg, Inflation, Deflation und Sie führen es weiter, jetzt in der schwersten Zeit der wirtschaftlichen Krise.

Aber wenn man von den wenigen Privattheatern spricht, die eine solide Basis haben, die künstlerische Bedürfnisse mit den materiellen Erfordernissen in Einklang bringen und die zum eisernen Bestand der führenden deutschen Bühnen gehören, so steht Ihr Bremer Schauspielhaus mit an erster Stelle.

Und wer, wie ich, Ihre künstlerische Tätigkeit verfolgt und gerade in der letzten Zeit Gelegenheit gehabt hat, mehrere Ihrer Aufführungen zu sehen, der weiß, daß dieser Ruf Ihres Hauses berechtigt und fest begründet ist.

Das Wort Moltkes: „Glück hat auf die Dauer nur der Tüchtige" gilt mehr wie wo anders im Theaterleben.

Sie haben auf die Dauer Glück, weil Sie tüchtig sind!

Ihre Vorstellungen sind sauber und von künstlerischem Willen beseelt, Ihre Reportoire sind klug, geschmackvoll und künstlerisch und tragen doch dem Geschmack des großen Publikums Rechnung.

Sie lassen sich nicht von vorübergehenden modischen Extremen zu aussichtslosen Experimenten verführen, Sie jagen auf der anderen Seite nicht den niederen Instinkten des Publikums nach, Sie halten klug den goldenen Mittelweg, der für Sie hoffentlich auch ein goldener ist.

Sie arbeiten ununterbrochen, ein Stück nach dem anderen herausbringend, und Ihre Vorstellungen atmen Ruhe und Sicherheit.

Sie halten sich nicht nur an die ausprobierten Erfolge anderer Bühnen oder Berlins, Sie fördern durch erfolgreiche Uraufführungen neue Autoren und sind Wegführer für die anderen Bühnen.

Wer so klug und zielbewußt seines Weges geht, darf rückschauend stolz sich des Erreichten freuen.

Wir, Ihre Kollegen, grüßen Sie an diesem Tage voller Bewunderung, und wenn wir ehrlich sind, mit ein bißchen Neid.

Dr. Martin Zickel

MAX PALLENBERG
BERLIN

Dem Bremer Schauspielhaus, diesem wirklich kunstvoll geleiteten Theater, dieser vorbildlich in der ersten Reihe stehenden deutschen Bühne, zu seinem zwanzigjährigen Bestehen meine herzlichsten Glückwünsche!

Max Pallenberg

ALBERT BASSERMANN
BERLIN

Dem Bremer Schauspielhaus in Bewunderung seiner künstlerischen Leistungen.

Albert Bassermann

1. II. 30.

DR. HANS MÜLLER
Dramatischer Schriftsteller

Innigsten Glückwunsch dem „Bremer Schauspielhaus" zur Vollendung seines zweiten Dezenniums! Niemand lernt Art und Willen eines Theaters unmittelbarer kennen als ein Autor, der diesem Theater sein Stück zur Uraufführung überläßt: es ist eine Probe „auf Gedeih' und Verderb". Darf ich dankbar bekennen, daß die Fülle von Talent, Frische, Ernst, Arbeitslust und Geduld, die in dem schönen Hause am Ostertor schöpferisch walten, mich geradezu verblüfft hat? Vom Direktor bis zum Beleuchter gibt jeder restlos seinen ganzen Menschen her; was im heutigen Kommerztheater zumeist verlorengegangen ist, blüht hier noch und wirkt sich aus, ein Ensemble; und der kennzeichnende Geist der starken, alten Hansestadt, die Verbindung von Tradition und Wagemut, macht das Bremer Schauspielhaus zu einem Gegenwartstheater — zu einem richtigen Gegenwartstheater mit gesundem Maß, ohne die sinnlosen Affereien und Exzesse einer mißverstandenen „Morgigkeit" (um Hebbels Wort zu gebrauchen). Das Bremer Schauspielhaus ist nun zwanzig Jahre jung. Möge diese Jugend in den nächsten zwanzig Jahren, in glücklicheren Zeiten des deutschen Volkes, immer tatfroher weitergrünen.

Wien, im Januar 1930.

Dr Hans Müller.

CARL ZUCKMAYER
Dramatischer Dichter, Berlin

Wer wissen will, wie in Deutschland Theater gemacht wird und welche Kulturarbeit im deutschen Theater geleistet wird, darf nicht nur nach Berlin fahren. Vielleicht wäre es sogar wichtiger, die stetige, verantwortungsvoll aufbauende Arbeit deutscher Privattheater kennen zu lernen, die trotz aller Schwierigkeiten und Zeitnöte das heutige deutsche Schauspiel und eine gesunde Ensemble-Kunst pflegen.

Dem Bremer Schauspielhaus zu seinem Jubiläum dankbare und herzliche Glückwünsche.

KÄTHE DORSCH
BERLIN

Bremen hab ich besonders gern und bin mit wirklich herzlichen Gedanken und guten Wünschen für die Zukunft bei diesem 20. Geburtstag des Bremer Schauspielhauses.

ELISABETH BERGNER
BERLIN

Für das Bremer Schauspielhaus herzlich
        Elisabeth Bergner

DR. GEORG ALTMAN
Intendant der staatlichen Schauspiele in Hannover

Bernard Shaw hat sich soeben erkundigt, ob Wien wirklich eine so ungesunde Stadt sei, daß man seinem dort lebenden Übersetzer Trebitsch schon zum 60. Geburtstag gratulieren müsse. Sie, meine sehr verehrten Herren Kollegen vom Bremer Schauspielhaus, haben in zwanzig Jahren durch Ihre große Arbeitskraft, Ihre Zähigkeit, Ihren künstlerischen Geschmack und Ihr umfassendes Organisationstalent bewiesen, eine wie gesunde Theaterstadt Bremen ist, und daher freut es mich, an Ihrem Jubiläumstag der Stadt Bremen zu seinem vorbildlich geleiteten Schauspielhaus herzlichste Glückwünsche übermitteln zu dürfen. Ihnen selbst kann ich nichts Besseres wünschen — und wie wenigen Theaterdirektoren in Deutschland kann man das heute sagen — als daß es Ihnen noch recht lange vergönnt sein möge, in gleicher Weise wie bisher Ihr Theaterschiff durch alle Strudel und Wirbel unserer aufgepeitschten Zeit zielbewußt weiter zu steuern!

OTTO KUSTERMANN
Intendant der Bayrischen Landesbühne
früher Bremer Schauspielhaus

Rückblickend auf die Zeit der Eröffnung des Bremer Schauspielhauses in der Neustadt, gehört sie zu den schönsten Erinnerungen meines Lebens. Es war eine schaffensfrohe und neue Wege wollende Spielgemeinschaft, die unter der Leitung von Direktor Johannes Wiegand und Direktor Ichon sich zusammengefunden hatte. Der über alle Erwartung gehende Erfolg der ersten Jahre ließ den Grundstein legen zum neuen Haus in der Altstadt. Ich konnte persönlich in den beiden ersten Gründungsjahren in der Neustadt mit aufbauen helfen und dann im neuen Heim in der Altstadt in den beiden ersten Kriegsjahren erhalten helfen, was künstlerischer Wille geschaffen hatte. Es ist mir eine große Freude, festzustellen, daß heute das Bremer Schauspielhaus unter den gleichen Leitern an erster Stelle der führenden norddeutschen Theater steht. Was vor 20 Jahren wagemutig begonnen worden ist, hat sich in ständigem Maße bewährt, trotzend dem Weltkrieg und den unglücklichen Folgen. Die Erinnerung, mitgeholfen zu haben an diesem Werk, wird mich stets begleiten.

JOHANNES TRALOW
Dramatiker und Oberregisseur des
Deutschen Schauspielhauses in Hamburg

Meine sehr verehrten Herren Direktoren, lieber Herr Wiegand, sehr geehrter Herr Doktor!

Unter den gratulierenden Dramatikern möchte auch ich nicht fehlen, den das Bremer Schauspielhaus bereits im ersten Jahr des Hauses am Ostertor betreute und förderte. Jubiläen sind Feiern der Erinnerung und in meinem Fall dankbaren Erinnerns.

Sie haben den Erfolg gehabt, Ihr schönes Theater gründen und unerschüttert 20 Jahre künstlerisch verwalten zu können. Das ist mehr, als ein privater Glücksfall, über den die Freunde sich freuen. Denn immer kleiner wird die Zahl der Privatbühnen, die als einsame Inseln unter den Theatern öffentlicher Hand sich noch behaupten. Und doch sind es die Privatbühnen, von denen Dichtung und Schauspielkunst das meiste zu erwarten haben und erhalten. Sie sind frei von parteipolitischen Beengungen und den persönlichen Interessen und Neigungen eines großen Kreises von Einzelpersonen, wie sie Kommissionen und Verwaltungen nun einmal darstellen, und die sich in allen öffentlichen Unternehmungen unkontrollierbar aber sicher auswirken. Im Privattheater brauchen keine großen Energien zur Abwehr kunstfeindlicher Einzelinteressen und auch nicht — noch schlimmer! — für ihre Befriedigung verloren zu gehen — sie können sich uneingeschränkt künstlerischen Aufgaben und — zugegeben auch! — der Sicherung des wirtschaftlichen Unterbaus widmen.

So ist denn Ihr Erfolg ein Glück für Bremen, das sich um eine bedeutsame Kunststätte vermehrt sieht, und für ganz Nordwestdeutschland, in dem Ihre Bühne zu den führenden gehört.

Jubelfeiern können sehr ernst sein. Ihre ist es. Das ist das beste, was von ihr zu sagen ist.

In steter Anhänglichkeit Ihr

Johannes Tralow

DETLEF SIERK
Direktor des Alten Theaters in Leipzig
früher Bremer Schauspielhaus

Ich wünsche dem Bremer Schauspielhause zu seinem Jubiläum von Herzen das Beste. Das heißt, ich wünsche, daß es sich alle jene Eigenschaften, durch die es vor vielen deutschen Theatern ausgezeichnet ist, weiter bewahre. Ich habe das Wort „Theaterkrise" erst kennengelernt, als ich das Bremer Schauspielhaus verließ. Seine künstlerischen Leistungen und die praktische Klugheit seiner vorbildlichen geschäftlichen Organisation haben dieses Theater durch alle Krisen der Zeit leicht und unberührt hindurchgeführt. Der Geist hanseatischer Solidität hat es gebildet und wird es in allen Schwierigkeiten erhalten.

GUSTAV BURCHARD
Intend. d. Stadttheaters in Bremerhaven

Was ernster künstlerischer Wille vermag, zeigt sich, ohne daß ein weiteres Wort darüber zu verlieren wäre, am Bremer Schauspielhaus. Wer auf die Zeit seines Entstehens zurückblicken kann, weiß auch, wieviel Kraft daran verwandt worden ist, um ein Werk aufzubauen, das nun dem Goethewort voll entspricht:

„Daß sich das größte Werk vollende, genügt ein Geist für tausend Hände."

ALFONS PAPE

Schauspieldirektor
der Bayerischen Staatstheater
früher Bremer Schauspielhaus

Das Bremer Schauspielhaus feiert seinen 20. Geburtstag. Wenn man sich vergegenwärtigt, daß es in Deutschland Theater gibt von ehrwürdigem Elefanten- und Schildkrötenalter, so sind 20 Jahre wenig. Wenn man aber überlegt, was das für 20 Jahre gewesen sind, so überkommt einem gewaltiger Respekt und man freut sich mit dabei gewesen zu sein bei der Entwicklung des Hauses, miteinstimmen zu können in den Ruf: das Bremer Schauspielhaus, das in zwanzig schweren Jahren seine Gesundheit, seinen Lebensmut, seinen geraden Wuchs, seine deutsche Geltung erwiesen hat, es erhalte sich seine Jugend, es blühe und gedeihe!

München, den 24. Dez. 1929.

Alfons Pape

GUSTAV HARTUNG

Direktor des Renaissancetheaters, Berlin
(früher Oberspielleiter des Bremer
Schauspielhauses)

Dem Bremer Schauspielhause zu weiteren siegreichen Kämpfen herzlichen Glückwunsch.

Gustav Hartung

HILDE WÖRNER
BERLIN

20 Jahre Bremer Schauspielhaus.

Es ist nun eine lange Reihe von Jahren vergangen, seit ich meine Tätigkeit von Bremen nach Berlin verlegte. — Aber stets wird die Zeit, die ich am Schauspielhaus war, mir betreffs Arbeit und Erfolg dort in liebster Erinnerung sein. Dem schönen, künstlerisch geleiteten Haus wünsche ich für alle ferneren Zeiten weiter die Anerkennung, die es verdient. In alter Anhänglichkeit!

Hilde Wörner

LOTTE KLINDER
BERLIN

Ich grüße Sie herzlichst und gratuliere zum Jubiläum. Wünsche weitere 20 glückliche Jahre, denke mit viel Freude an meine Bremer Zeit — sie war mir die liebste mit in den Jahren meiner Bühnentätigkeit!

Herzliche Grüße Ihre

Lotte Klinder-otto

Dr. h. c.
GERHART HAUPTMANN
urteilte:

Ich bin entzückt von Ihrem schönen Theater und bin begeistert von den Aufführungen und dem idealen Geist, der das Ganze beseelt.

Gerhart Hauptmann.

ZWANZIG JAHRE ARBEIT

Eine soziologische Betrachtung

Theaterjahre zählen doppelt, wie Kriegsjahre, heißt es allgemein in der Bühnensprache, um damit anzudeuten, wie schwierig und aufregend das Theaterleben überhaupt ist. Wenn man noch dazu an die Stürme denkt, die das deutsche Theater in den letzten zwanzig Jahren abzuwettern hatte, so kann sich der Laie vielleicht eine kleine Vorstellung davon machen, in welchem Hexenkessel die Theaterleitung des Bremer Schauspielhauses sich manchmal befunden hat, zumal es als Privattheater lediglich auf sich selbst angewiesen war und allein in seiner soliden Arbeit Schutz und Hilfe finden konnte.

Das neue Bremer Schauspielhaus am Ostertor, erbaut von den Bremer Architekten Abbehusen und Blendermann, war gegründet in einer glücklichen Zeit, ja, in der aufnahmewilligsten Zeit des Publikums und des Theaters überhaupt. Vor zwanzig Jahren bestand eine außerordentliche Bereitschaft für alle geistigen und künstlerischen Fragen. Wir Deutsche waren damals geradezu d a s Theatervolk der weißen Rasse, und wo Theaterfragen auftauchten, wurden sie bei uns in Deutschland entschieden. Bei uns fanden die Dramatiker aller Nationen ihren Weg in die Weltliteratur. Die Meininger, Brahm, Schlenther und Reinhardt bedeuteten nach den verschiedensten Richtungen hin eine Erneuerung, Durchbildung und Erhebung des deutschen Theaters, die in keines Volkes Geschichte zu keiner Zeit ihresgleichen fand. So stand es um den Geist des deutschen Theaters überhaupt. Infolge der ruhigen wirtschaftlichen Entwicklung der Vorkriegszeit hatte das Publikum die Fähigkeit, die Kunst mit jener Muße innerer Heiterkeit anzuschauen, die allen ihren Ernst als ein bewegtes Widerspiel der Empfindungen und der seelischen Kräfte genießen läßt. Wenn sich das geistige Kraftvermögen einer Zeit und der seelische Zustand eines Volkes durch nichts mehr dokumentiert als durch die Art seines Theaters, und jedes Volk die Bühne hat, die es verdient und sich gefallen läßt, so muß man schon sagen, daß das Bremer Schauspielhaus am Ostertor, als es am 15. August 1913 seine Pforten zu einer glanzvollen Spielzeit öffnete, den günstigsten Boden für sein reiches Arbeitsfeld vorfand. Großes hatte sich die Leitung vorgenommen, und Großes hat sie geleistet. Unter ihren Fahnen hatten sich erste deutsche Schauspieler und Regisseure versammelt, die den Ruf des neuen Unternehmens, das mit frischem Wagemut und aus altem Hanseatengeist sich der Devise „Vorwärts" verschrieben hatte, mit einem Schlage begründeten und es in die Spitzengruppe der ersten deutschen Theater setzten. Der künstlerische Ernst des neuen Schauspielhauses, das neben dem klassischen Drama als moderne Schauspielbühne naturgemäß die zeitgenössische Literatur und ihre Vorläufer pflegen wollte, manifestierte sich in einem Spielplan, der die Auslese bester deutscher und ausländischer Literatur brachte. Das festliche Haus nahm die Eröffnungsvorstellung von Oscar Wildes Gesellschaftsdrama „Eine Frau ohne Bedeutung" mit Begeisterung und dem Bewußtsein auf, endlich in Bremen ein Schauspiel zu haben, das auch dem verwöhntesten Geschmack des Kunstkritikers und des Publikums entsprach. In rascher Folge brachte

Aufgang zum I. Rang

die Spielzeit unter den Regisseuren Ferdinand Freytag und Gustav Hartung (der sich am Bremer Schauspielhause die Sporen verdiente), eine Fülle von Erst- und Uraufführungen in herrlichen Inszenierungen heraus, die überall Bewunderung erweckten und die hohen Ziele, die sich die Leitung des Schauspielhauses gesteckt hatte, in idealer Weise erfüllten. Neben den Klassikern Shakespeare, Molière und Büchner kam eine sorgfältige Auswahl von Hauptmann, Sudermann, Ibsen, Björnson, Shaw, Wilde, Wedekind, Molnar, Sternheim, Bahr, Holz, Hofmannsthal, Beer-Hofmann, Kyser und Eulenberg zu Worte, die umrahmt wurde von einem würdigen und schlagkräftigen Unterhaltungsspielplan, so daß das Ergebnis dieser Spielzeit für die Zukunft des neuen Unternehmens das Allerbeste erhoffen ließ.

Unter günstigen Auspizien bereitete man daher die neue Spielzeit 1914/15 vor, ergänzte die immer eintretenden Lücken im Ensemble und arbeitete einen neuen hochwertigen Spielplan aus. Der plötzliche Ausbruch des Krieges vernichtete alle Hoffnungen mit einem Schlage. Die Nervosität, die das gesamte deutsche Volk befiel, griff auch auf das Theater über. Die besten und hoffnungsberechtigten Schauspieler mußten dem Ruf des Vaterlandes folgen, und mehrere von ihnen ließen auf dem Schlachtfelde ihr Leben. Aus der alten Schar fielen als erste Opfer Friedrich Encke, Norbert Laske, Erwin Kühne und Ernst Mewes, eine der größten Hoffnungen des deutschen Theaters. Dazu kam, daß die Not des Volkes, das sich in seinem Leben auf allen Gebieten gefährdet sah, kein Interesse mehr für das Theater aufkommen ließ und die Führung eines ordnungsgemäßen Spielplans durch alle diese Widerstände fast zu einer Unmöglichkeit gemacht wurde. Die deutsche dramatische Produktion stockte. Ausländer waren naturgemäß verpönt, so daß sich das Theater unter diesen Umständen nur schlecht und recht mit vaterländischen Stücken durchschlagen konnte. Aber nach dem niederschmetternden künstlerischen Eindruck der ersten Kriegsjahre besann sich das Bremer Schauspielhaus auf seine Kulturaufgabe. Mit Zähigkeit und Tatkraft versuchte man der wahrhaft trostlosen Situation Herr zu werden — und wurde es auch. Niemals ist in diesen Zeiten des Kampfes so viel Klarheit darüber geworden, daß das Theater der Theorie und das Theater der Praxis durch die Jahrhunderte hindurch immer im

Wandelhalle, I. Rang

Kampfe miteinander liegen, daß ferner das Theater weder ein Kunstwerk an und für sich, noch ein feststehendes System ist, das von irgendeinem vorgefaßten Standpunkt zu leiten und zu betrachten ist. Jene Zeiten haben zur Genüge gezeigt, daß das Theater trotz seiner vielfältigen Zweckbestimmung im wesentlichen doch eine Erscheinung von volkswirtschaftlicher Bedeutung ist und daher eine unbedingte soziologische Betrachtungsweise verdient. Der Kampf um das nackte Leben nahm in diesen Zeiten so gesteigerte Formen an, daß jede ruhige Betrachtung eines Kunstwerks in der Erregung des Daseins ausgeschaltet wurde. Die Reaktion des Krieges, an der Front und in der Heimat, die fiebernd die epochalen Ereignisse miterlebte, forderte ein Gegengewicht gegen den entnervenden Zustand dieser Zeit, so daß die allergrößte Mehrheit des Volkes nur das Verlangen hatte, ihre seelische Qual durch schnelle Lust zu berauschen und die abgestumpften Organe aufzupeitschen. „Brot und Spiele", dieser Ruf des römischen Volkes in der Kaiserzeit wurde wieder laut. Gute literarische Kost wurde verschmäht. Die Theaterleiter waren der Verzweiflung nahe. Wie ein roter Faden zieht sich dieses „Volksbegehren" durch die

Kriegsjahre hindurch. In der Trostlosigkeit der gesamten Lage mutet der Kampf des Schauspielhauses mit den Instinkten des Publikums um den künstlerischen Charakter des Theaters fast tragisch an.

Das ewige Fluktuieren in den wirtschaftlichen und persönlichen Angelegenheiten des Volkes ließ keine durchgreifende programmatische Aktion zur Entwicklung kommen. Trotzdem konnte man dem Theater neue künstlerische Substanz zuführen, da das eingeführte Singspiel — der Not gehorchend — die Massen so stark ins Theater lockte, daß man sich auf diese Einnahmen hin nebenher ein künstlerisches Programm leisten konnte. So kamen Goethes „Urfaust", Shakespeares „Viel Lärm um nichts" und der „Widerspenstigen Zähmung", Ibsens „Peer Gynt", „Rosmersholm", „Die Wildente", „Gespenster" und „Hedda Gabler", Tolstois „Lebender Leichnam", Hauptmanns „Vor Sonnenaufgang", „College Crampton", „Der Biberpelz" und „Rose Bernd" u. v. a. zur Aufführung. Merkwürdig in dieser zerrissenen Zeit ist das Interesse des Publikums für Strindbergs problematisches, dramatisches Schaffen. „Kameraden", „Nach Damaskus", „Gläubiger", „Rausch", „Der Scheiterhaufen", „Luther" und „Schwanenweiß" brachten es zu verhältnismäßig großen Aufführungsziffern. Auch Schönherr mit seinem „Weibsteufel", „Volk in Not" und „Frau Suitner" und sein österreichischer Landsmann Anton Wildgans mit seinen Dramen „Armut", „Liebe" und „Dies irae" brachten es zu großen Erfolgen.

Als das Jahr 1918 dem Krieg ein Ende setzte und eine Besserung in den wirtschaftlichen Verhältnissen erhoffen ließ, brachen Revolution und Inflation über Deutschland herein. Zwei Ereignisse, die ihre Spuren auch im Theaterleben hinterließen. Hinderte die Inflation jede weitere wirtschaftliche Bewegungsfreiheit des Theaters, so machte sich die Revolution in seiner neuen geistigen Struktur bemerkbar, denn mit der äußeren Revolution ging die Revolution des Geistes Hand in Hand, denn neue staatliche Formen erzeugen auch solche der Kunst. In der Literatur wurde es lebendig. Der dichterische Mensch, eingeengt durch die Ereignisse persönlichen Lebens, machte sich wieder frei und verkündete seine Qual in verzweifeltem Schreien.

Innenansicht

Es entstand eine Dichtung, die nicht von der Warte des Geistes an die Dinge heranging. Ihr war Gefühl alles. Geballtes Gefühl, das sich in mächtigen dichterischen Explosionen entlud. In dieser Zeit des bewußten Expressionismus schufen Hasenclever, Toller, Kaiser, Unruh und Göring ihre an den Pforten der Tradition rüttelnden dramatischen Werke. Die Bühne wurde zum Forum, auf dem die Dichter Gerichtstag über ihre Zeit hielten.

Durch die Revolution und die Umschichtung der Massen bekam das Theater ein junges, neues, unvoreingenommenes Publikum, das mit Macht ins Theater drängte, um hier den Dichter seiner Zeit und seiner Not zu suchen. Zum erstenmal sah der Theaterleiter wieder Publikum in seinen Händen, das er formen konnte, wenn er die Hand am Zügel behielt. Wenn auch die wirtschaftliche Hilfe, die ihm aus diesen Kreisen zufloß, noch gering war, so war doch ein Ansatz zu einem neuen Publikum vorhanden, das im Theater wenigstens wieder ein Erlebnis suchte. Die Krise im Publikum war vorüber, jetzt hieß es handeln. Es galt den Strom, der dem Theater zufloß, allgemein fruchtbar zu machen. Jetzt hieß es für den Theaterleiter, zu beweisen, ob er die Persönlichkeit war, in Führung zu gehen, um diese zusammenhanglosen Kräfte zu künstlerischer Mitarbeit wieder zu binden. Er mußte das Mittel finden, die revolutionäre Bewegung der Geister im Theater veredelnd zu befruchten und programmatisch in seine Bahn zu lenken. Ein ganz neuer Maßstab wurde an die Leistung des Theaterleiters angelegt. Nicht die künstlerische Idee war das ausschlaggebende Moment für die Beurteilung seiner Leistung, sondern die Tatsache, wie er das Publikum kannte und beherrschte durch den zeitgemäß richtigen Einsatz seiner künstlerischen Persönlichkeit. Er mußte vor allem Verständnis für den Zuschauer und nicht zuletzt Zeit- und Ortsgefühl haben. Was nützte es ihm, wenn er nur die geistigen Kräfte erkannte und sie durch seine Bühne steigerte, auch die materiellen Kräfte mußten gebunden werden. In dieser Zeit, wo Throne und Altäre stürzten, krachte es auch bedenklich in den Fugen der Theater, die ihre Zeit nicht verstehen konnten und deren Ausdrucksform abgenutzt war. Es hieß, das Theater in den Dienst der Zeit und seiner Ideen zu stellen, aber sie auch zu meistern und selbst aus den klassischen Werken eine Auswahl zu finden, die dem Zeitwillen parallel lief.

Das Bremer Schauspielhaus hat in richtiger Erkenntnis der Dinge bewiesen, daß es die Zeichen seiner Zeit verstand, sei es in künstlerischen, sei es in organisatorischen Fragen. Denn mit dem neuen Begriff Volkstheater kam auch der Begriff der Organisation auf. Das Theater, das den Minderbemittelten noch größtenteils verschlossen war, konnte seine Kulturarbeit nur steigern, wenn es auch den Geringsten des Volkes zu angemessenen Preisen in seinen Kreis einschloß. Der Theaterleiter hatte nicht weiter Revolution zu treiben, sondern es galt das neue Publikum dort zu treffen, wo sein eigenes Dasein gestaltet werden konnte, im Verschüttet-Menschlichen. Nur so konnte das Theater den Alltag organisch durchseelen, konnte es dieses Publikum über sich hinausführen und als Nährboden für Geistiges und für Kultur produktiv machen. Die Organisation, die diese Ziele verwirklichen sollte, wurde das Gemeinschaftstheater im Schauspielhause. Der Goethebund mit seinen angeschlossenen Verbänden, dem in Bremen ein gutes Teil Kulturarbeit zu verdanken ist, stellte sich mit seiner Organisation von kulturheischenden

Die Himmelstür wird offen stehen

Menschen in den Dienst der guten Sache und schuf in Gemeinschaft mit der Leitung des Schauspielhauses im Jahre 1920 das Gemeinschaftstheater, das nunmehr dem Schauspielhaus eine geistige und materielle Grundlage für sein künftiges künstlerisches Schaffen bot.

Das Gemeinschaftstheater bezweckte, unter Ausschaltung aller Gewinnabsichten, durch planmäßige Regelung des Theaterbesuches das Erlebnis guter Bühnenkunst allen Kreisen des Volkes zu erschließen. Aus dem geregelten und organisierten Besuch einer von einheitlichem Kulturwillen erfüllten Gemeinde erhielt es seine materielle Grundlage und den Antrieb für seine in völliger Unabhängigkeit von jeder Partei zu leistenden Kulturarbeit. Die Bedeutung des Gemeinschaftstheaters für das geistige Gepräge Bremens wurde so eminent, daß Prof. Dr. G. Hellmers schrieb: „Das Bremer Schauspielhaus, das dieses Gemeinschaftstheater ermöglicht hat, ist heute für die Pflege bremischer Kunst und Kultur so wichtig und notwendig, daß es, wenn es heute noch nicht bestünde, spätestens morgen errichtet werden müßte." Mit dieser Einrichtung bekam das Bremer Schauspielhaus endgültig seine künstlerische Bewegungsfreiheit wieder. Ein Blick auf das Programm des Gemeinschaftstheaters im Verlaufe des Jahrzehnts legt beredtes Zeugnis für die künstlerischen Leistungen des Theaters ab.

Aber noch bedrohte die Inflation die wirtschaftliche Existenz des Theaters, das sich mit Vehemenz und dankbar auf seine neue Aufgabe gestürzt hatte. Um die Bühne dem idealen Ziele, wie es seit Gründung der Theaterleitung vor Augen geschwebt hatte, zuzuführen, bedurfte es noch eines großen Schrittes, der nur unter f e s t e n wirtschaftlichen Verhältnissen getan werden konnte. Doch endlich kam der ersehnte Moment der Erlösung: Nach Stabilisierung der Mark setzte neue Ära im Theater ein, deren günstige Auswirkung sich bald in gesteigertem Besuch des Publikums bemerkbar machte. Neben den Serien des Gemeinschaftstheaters und dem bestehenden einen Kammerspielabend konnte daher im nächsten Jahre ein weiterer Kammerspielabend eingelegt werden. Der Zustrom des Publikums wurde so stark, daß fortan Jahr für Jahr ein neues Abonnement aufgelegt werden mußte. Es folgten die Sonderabonnements und die „Deutsche Bühne". Ein Fremden-Abonnement zog die Umwohner Bremens monatlich einmal in das Theater. Schülervorstellungen, Vorstellungen für die werktätige Jugend wurden ins Leben gerufen, in der Erkenntnis, daß es gerade die Jugend ist, die man zu neuer Kulturarbeit im Theater vorbereiten muß. In alle Kreise drang die jetzt zum selbständigen Zweig des Unternehmens gewordene Organisationsabteilung des Bremer Schauspielhauses. Das starke Abonnement gab dem Theater von nun an ein gesichertes und ruhiges Arbeiten. Die Stücke konnten in längerer Probezeit sorgfältig ausgefeilt werden. Der Spielplan brachte in abwechslungsreicher Folge eine Fülle von klassischen und modernen, heiteren und ernsten Werken. Ein glücklicher Umstand war es, daß eine neue deutsche Dichtergeneration auf

Don Carlos

Don Carlos

den Plan trat, die hoffnungsstark wieder positive dichterische Werte schaffte. Bewußt pflegte das Bremer Schauspielhaus das Zeitstück, weil sich in ihm Kämpfe und Probleme der brennenden Gegenwart spiegelten und abspielten. Film und Radio hatten die weite Welt verengt und die Menschen einander näher gebracht. Die allgemeine Beruhigung der Gemüter ließ auch die internationalen, freundschaftlichen Beziehungen vom Auslande wieder aufleben. In Amerika und England kam eine unbekümmerte und helle, herzhafte Gesellschaftsdramatik auf, die den Vorzug optimistischen Lebenswillens in sich trug und dem Theater gab, was des Theaters war. Warum sollte man zögern, in den immer noch wirtschaftlich schweren Zeiten das Theater damit zu befruchten. Optimistisches und wesentliches Theater zu pflegen war in dieser Zeit wirtschaftlicher Gärung einzig angebracht. Man nahm das Gute, ob man es nun bei einem Deutschen oder bei einem Ausländer fand, denn der Deutsche hat nun einmal von jeher die geniale Fähigkeit zu übernationalem und weltumspannendem Denken und Handeln, die Fähigkeit, fremdländisches Wesen zu verstehen und mit dem eigenen zu einem höheren Menschheitsbegriff zu verschmelzen. So führte man dem Theater ständig frisches Blut zu und hielt es lebendig bis auf den heutigen Tag. Es begann eine Zeit der Musteraufführungen, die dem Bremer Schauspielhause den ehrenvollen Platz, an der Spitze des deutschen Theaters mitzumarschieren, wieder einbrachte, und heute steht das Bremer Schauspielhaus auf einer solchen Höhe und besitzt ein so großes Vertrauen, daß ein jeder Dichter von Rang sich geehrt fühlt, wenn es mit seinen bewährten Kräften die Uraufführung seines Werkes herausbringt. Freude und hingebungsvolle Arbeit am Werk beseelen alle Mitarbeiter des Mikrokosmos Bremer Schauspielhaus. Die Leiter als gute Bremer Bürger sind sich immer bewußt gewesen, daß Bremen als Hansestadt und als Ein- und Ausfallstor gegen das Ausland ganz besonders die Pflicht hat, Hüter deutscher Kultur zu sein.

Das Ziel ist also wieder erreicht, wenn auch nur nach leidenschaftlichen Kämpfen. Die Nörgler mögen es bedenken: Es hat eine unbändige Lust und Liebe zur Sache dazu gehört, manchmal nicht davonzulaufen, eine unglaubliche Hoffnungskraft, immer wieder auf den nächsten Winter zu bauen. Volle zwanzig Jahre hat es gedauert, endlich wieder in dem Hafen zu landen, den man damals verlassen hatte.

Aber nun soll das Schiff des Bremer Schauspielhauses mit frischem Winde und geblähten Segeln in die neuen Spielzeiten hineinsteuern. Der starke Glaube an den Sinn und an die Sendung des deutschen Theaters wird es leiten. In einer zerfallenden europäischen Kulturgemeinschaft ist das Theater einzig jung geblieben, wie der Idealismus der Männer, die es betreuten. Freudig darf es die Goetheschen Worte auf sich beziehen.

> Es glühte seine Wange rot und roter
> Von jener Jugend, die uns nie verfliegt,
> Von jenem Mut, der früher oder später
> Den Widerstand der stumpfen Welt besiegt!

Carl Witte

Schwanenweiß

Eröffnungsvorstellung des Bremer Schauspielhauses am Ostertor

Heute Freitag, 15. August 1913, abends 7½ Uhr: Festvorstellung zur Eröffnung des neuen Hauses.

Eine Frau ohne Bedeutung

Schauspiel in 4 Akten von Oskar Wilde.
Inszenierung: Direktor Wiegand.

Lord Illingworth . . .	Ernst Mewes
Lady Hunstanton . . .	Amalie Cramer
Sir John Pontefract . . .	Friedrich Encke
Lady Caroline Pontefract, seine Frau	Helene Brandt-Schüle
Lord Alfred Rufford . .	Martin Lindemann
Lady Stutfield	Grete Bäck
Mrs. Allonby	Lotte Horst
Mr. Kelvil, Mitglied des Parlaments	Franz Stein
Mr. Daubeny, Doktor der Theologie, Erzdiakon .	Otto Brodowski
Miß Hester Worsley, eine reiche Amerikanerin .	Erna Liebenthal
Mrs. Arbuthnot	Helene Rosner
Mr. Gerald Arbuthnot, ihr Sohn	Fritz Odemar
Farguha	Paul Westermeyer
Francis	Albert Schweitzer
Alice, Dienstmädchen bei Mrs. Arbuthnot . . .	Rosa Conradi

Sonnabend, 16. August, abends 7½ Uhr: Erste öffentliche Vorstellung. In völlig neuer Inszenierung: „Hamlet". Regie: **Gustav Hartung.**

Ergebnis aus zwanzig Spieljahren

Um eine genaue Übersicht über die geleistete Arbeit des Bremer Schauspielhauses zu gewinnen, möge die folgende Tabelle dienen. Bemerkenswert ist dabei die Tatsache, daß das Schauspielhaus die Klassiker in besonders großer Anzahl der Aufführungen gepflegt hat. Diese Werke seien daher namentlich aufgeführt.

Sophokles: „Antigone", „Oedipus".

Aristophanes: „Die Wolken", „Lysistrata".

Shakespeare: „Die Komödie der Irrungen", „Othello", „Der Widerspenstigen Zähmung", „Antonius und Cleopatra", „Das Wintermärchen", „Ein Sommernachtstraum", „Viel Lärm um Nichts", „Was Ihr wollt", „Die lustigen Weiber von Windsor", „Hamlet", „Wie es Euch gefällt", „Der Kaufmann von Venedig", „König Zymbelin".

Goethe: „Iphigenie", „Die natürliche Tochter", „Clavigo", „Faust", „Urfaust", „Tasso".

Schiller: „Turandot", „Wallenstein", „Kabale und Liebe", „Wilhelm Tell", „Die Räuber".

Lessing: „Minna von Barnhelm", „Die Witwe von Ephesus", „Nathan der Weise".

Kleist: „Der Prinz von Homburg", „Penthesilea", „Der zerbrochene Krug", „Das Käthchen von Heilbronn", „Die Hermannsschlacht".

Hebbel: „Herodes und Mariamne", „Gyges und sein Ring", „Maria Magdalene", „Judith".

Grillparzer: „Der Traum ein Leben", „Des Meeres und der Liebe Wellen", „Weh dem der lügt", „Das goldene Vliess" (alle drei Teile), „Die Jüdin von Toledo".

Grabbe: „Napoleon", „Don Juan und Faust".

Ludwig: „Der Erbförster".

Gutzkow: „Die Karlsschüler".

Es wurden insgesamt gegeben:

	Werke	Aufführungen
Klassiker	48	561
Schauspiele	317	2 694
Lustspiele	289	2 431
Schwänke	46	579
Singspiele	40	478
Märchen	18	258

758 Werke in 7 001 Aufführungen

Nach Nationen geordnet:

	Werke	Aufführungen	Werke	Aufführungen
	Schauspiele		Lustspiele	
Deutschland	252	1 984	237	1 902
Frankreich	10	62	22	178
England	15	182	20	240
Nordische	28	351	5	46
Amerika	6	76	4	75
Verschiedene	6	38	—	—

Damit ist wohl bewiesen, daß die w e r t v o l l e n und auch die d e u t s c h e n Werke weitaus vorherrschend waren und daß auch von einer Überfremdung des Spielplans überhaupt keine Rede sein kann.

Justus Ott

Das Ensemble der Jubiläumsspielzeit

Wilhelm Chmelnitzky
Oberspielleiter
Nachfolger von Detlef Sierk

Ferdinand Altman
Oberspielleiter

Carl Witte
Dramaturg

Photo Brockshus

H. STRACKE
BREMEN
PELZE

Damen-Maßschneiderei

Pelzaufbewahrung

AM WALL 131
VOR D. STEINTOR 50
DOMSHEIDE 20183

Hertha Ulrici
erste Liebhaberin und Salondame

Knut Hartwig
Darsteller schwerer, ernster und
humoristischer Charaktere

Julius Donat
Ehrenmitglied

Photo Brockshus

In dem Tempel der Muse,
Erfreuest Du Herz und Gemüt.
Bist Du zu Hause bei Tisch,
Gib auch dem Magen sein Recht.

Jede Hausfrau

muß heute bestrebt sein, mit dem vorhandenen Haushaltsgeld sparsam und gut zu wirtschaften. Vor allen Dingen soll ein gutes Essen auf den Tisch, frühmorgens schmackhafte Brötchen oder Zwieback, nachmittags und zum Kaffeekränzchen die besten Kuchen, zum Abendessen ein gutes nahrhaftes Brot, für größere Familienfeste und Gesellschaften soll etwas ganz Besonderes geboten werden. Hier richtig zu beraten, ist Aufgabe des Fachmannes. Wenden Sie sich darum an Ihren Bäckermeister, dort werden Sie gut und reell bedient. Qualitätsware bei billigster Berechnung liefern Ihnen die Bäckermeister von Bremen und Umgegend, vereinigt in der

Bremer Bäcker-Innung

Lili Sandreczki
erste Muntere u. jugendliche Salondame

Adolf Meyer-Bruhns
erster jugendlicher Held
und Naturbursche

Max Noack
erster Charakterspieler

Photo Brockshus

Graphisches Kabinett
G. m. b. H.
Bremen · Rembertistraße 1a

Ph. Wouwerman   *Falkenjagd*

ANKAUF   Alter und moderner Meister   VERKAUF

AUSSTELLUNGSPLAN 1930

Kollektiv-Ausstellungen von:

KARL VINNEN   DIETZ EDZARD
HANS AM ENDE   KARL DANNEMANN
HENRY ROESSINGH   KALIFALA SIDIBÉ

Französische Impressionisten . NOLDE bis KLEE . Handzeichnungen des 19. Jahrhunderts . Alte Meister des 17. Jahrhunderts

Geöffnet Wochentags von 10—2, 4—6 Uhr, Sonntags 11,30—2 Uhr

Hilde Jary
jugendliche Salondame u. Sentimentale

Lothar Firmans
erster Charakterspieler und Charakterbonvivant

Robert Lossen
erster Bonvivant

Photo Brockshus

MOTTO
Zu Festen sei's gleich welcher Art
Steh ich Ihnen bei mit Rat und Tat.
Liefere Torten, Gebäck und Eis
Pünktlich und zu jedem Preis.

Bäckerei und Konditorei
Humboldtstraße 53 55   Vor dem Steintor 147

Das bekannte Bestellgeschäft liefert sämtliche Back- u. Conditoreiwaren unter Verwendung von nur bestem Material sowie Eis und Eisbomben in jeder gewünschten Ausführung bei pünktlichster Lieferung.

Meine moderne Kühl- und Gefrieranlage

Martha Zifferer
erste Sentimentale

Helmut Hinzelmann
jugendlicher Held und Liebhaber

Hanns Müller
jugendlicher Bonvivant

Photo Brockshus

Tanzschule Gustav Hölzer

Schleifmühle 76

GESELLSCHAFTSTANZ UND GYM-
NASTIK (ERWACHSENE U. KINDER)
IN KURSEN U. EINZELUNTERRICHT

DOMSHEIDE 26865

Ada Schulte, Diplom-Musik-pädagogin

KLAVIERUNTERRICHT
HARMONIELEHRE

Bürgermeister-Smidt-Straße 3
Fernspr.: H. 2860

LEUCHTER

Buchmeyer

BELEUCHTUNGSHAUS

KNOCHENHAUERSTR. 39/40

AUGUST HAARSTICK

GOLD- UND SILBERSCHMIED

Juwelenarbeiten • Werkstätte für Schmuck und Geräte
in Edelmetall und Bronze • Handgearbeitete Bestecke

A. d. Häfen 37

GEGRÜNDET 1874 / FERNRUF: DOMSHEIDE 27768

Luise Franke-Booch
Charakterspielerin

Justus Ott
erster Charakterkomiker

Ernst Glasemann
erster humoristischer Vater

Photo Brockshus

Lisa Wehn
Darstellerin ernster und humoristischer
Charaktere

William Western
ernste und humoristische Chargen

Klaus Krause
ernste und humoristische Chargen

Photo Brockshus

DAS BREMER GESCHÄFT
FÜR AUSSTEUER=WÄSCHE
BETTEN UND GARDINEN

Werner Vogt
jugendlicher und schüchterner Liebhaber

Alfred Heldenmaier
jugendlicher Komiker

Photo Brockshus

Petra Carla
jugendliche Liebhaberin

Karl Bödeker
Chargen

Heinz Henze
Chargen

Photo Brockshus

Flink
Wendig
Leicht
zu
lenken

Der elegante Innenlenker ab RM. 5575.–

Wenn Sie Ihre Einkäufe besorgen, gnädige Frau, dann ernennen Sie diesen schmucken Adler Favorit zu Ihrem Begleiter. Er ist ein Kind aus gutem Hause und weiß, was sich gehört. Sein Motor ist kraftvoll und geschmeidig, seine Bremsen wirken hydraulisch, — und es ist so leicht, ihn zu lenken. Wollen Sie nicht einen Versuch machen?

ADLER

Automobil-Verkaufs-Gesellschaft, Bahnhofstr. 13/14. Hansa 4963

Hildegard Nowack
Muntere und Naive

Annemarie Beck
jugendliche Sentimentale

Siegfried Giebel
jugendliche Charaktere

Photo Brockshus

ERSTES SPEZIALGESCHÄFT FÜR NUR BESTE QUALITÄTEN IN

STRÜMPFEN
UNTERZEUGEN
STRICKMODEN

FÜR DAMEN, HERREN UND KINDER

Nicht mit Unrecht

bezeichnet man die Firma

H. Wilh. Waltjen

als das moderne, preiswerte Spezialhaus für

Tapeten • Linoleum
Gardinen • Teppiche • Läufer

Geschäftshaus: Ostertorsteinweg 9/10
Telephon: Domsheide 273 73 und 297 33

Ursula Martini
sentimentale Liebhaberin

Mela Budde
jugendliche Charaktere

Ludwig Frank
Chargen

Photo Brockshus

Hotel und Restaurant

SCHAPER-SIEDENBURG BREMEN

Durch Um- und Neubau vergrößert
und zeitgemäß ausgestattet

**Telefon: Domsheide 23773 und 29588
Roland 8175**

GEGRÜNDET 1877

SÖGESTRASSE 47

Schirme und Stöcke

in bekannter Güte

Ganz hervorragende Auswahl

EIGENE
SCHIRMFABRIKATION UND REPARATURWERKSTATT

Max Gschwind
Leiter des Ausstattungswesens

Heinrich Engelhardt
Betriebsinspektor

Franz Cermak
Cheffriseur

Photo Brockshus

Das Neueste und Schönste

was die Mode bringt, Kleider, Mäntel, Pelze, Kostüme und Hüte, fertig oder nach Mass,

qualitativ hervorragend, preiswert und in reicher Auswahl stets bei

Pauly & Pfeiffer
BISCHOFSNADEL 14

ENTWURF
BAULEITUNG

AUSFÜHRUNG
GARTENPFLEGE

CHR. H. ROSELIUS
GARTENARCHITEKT
BREMEN

GEORG-
GRÖNINGSTR. 106

FERNRUF:
HANSA Nr. 3602

Neu verpflichtete Mitglieder

Viktor van Buren
leichter Charakterheld
vom Stadttheater in Freiburg i. Br.

Erwin Klietsch
erster Charakterheld
vom Staatstheater in Dresden

Berny Clairmont
jugendliche Sentimentale und Salondame vom Stadttheater in Dortmund

"JUSTITIA"
Internationale Auskunftei, Detektive
REINHOLD BOLTZEK
Altenwall 4 Fernspr. Domsh. 24808

Vornehmstes, ältestes und reelles Institut am Platze
Erledigt Vertrauensangelegenheiten
jeder Art, prompt, verschwiegen und sachgemäß
Spezialität: Familien- u. Privatauskünfte. Beschaffung
stichhaltigen Beweis-Materials in Straf- u. Zivil-Prozessen

Alice Droller
jugendliche Salondame und Sentimentale
vom Nationaltheater in Mannheim

Erwin Klietsch

Egon Zehlen
Chargen
vom Schauspielhaus in Frankfurt a. M.

von Halem

Täglicher Eingang von Neuheiten

in

KLEIDERN

MÄNTELN

PELZEN

AM WALL 153/56
Domsheide 25181

Agnes Delsarto
Charakterspielerin
vom Alten Theater in Leipzig

Viktor van Buren

Berny Clairmont

Das Programm der Spielzeit 1930-31

Für das Abonnement sind 21 Vorstellungen vorgesehen, die sich aus allen Gattungen dramatischen Schaffens zusammensetzen:

4 große, zeitnahe klassische Dichtungen

Diese Werke erscheinen in zeitgemäßen Neu-Inszenierungen und völlig neuen Ausstattungen.

4 große Schauspiele aus der Zeit um 1900

Diese sollen Marksteine des Dramas überhaupt und Wegbereiter zum Heute sein.

4 bedeutende Schauspiele aus der Gegenwart

Es sollen wertvolle Zeitstücke aus brennender Gegenwart sein.

4 geistvolle Komödien und Gesellschaftsstücke aus der Gegenwart

Diese sollen ein Spiegelbild des gesellschaftlichen Lebens der Kulturvölker sein.

5 Lustspiele von vornehmer Haltung

Da das Bremer Schauspielhaus durch seine enge Verbindung mit den führenden Verlegern in der Lage ist, schnellstens jedes neue Werk prüfen und erwerben zu können, kommen nur Neuheiten von starker Bedeutung in Frage.

AN UNSERE FREUNDE!

Mit diesem Jubiläums-Jahrbuch treten wir gleichzeitig an alle bremischen Theaterfreunde mit der Bitte heran: für die kommende Spielzeit 1930/31 zu abonnieren.

Ein Abonnement im Bremer Schauspielhause gehört in jede Bremer Familie.

In dieser Zeit wirtschaftlicher Schwierigkeiten ist das Theater berufen, dem Menschen von heute Entspannung, Freude und Erhebung zu geben.

Wer sich im Theater vom Alltag losgelöst hat und sich in die reineren Sphären der Kunst erhebt, vermag wieder frisch und neugestärkt den Kampf mit dem Alltag aufzunehmen.

Gerade in dieser Zeit der seelischen Bedrücktheit und des Pessimismus ist das Theater berufen, unserem Publikum wieder Optimismus, Freude an unbekümmerter Tatkraft und Daseinslust zu schaffen. Das Schauspielhaus, das besonders auch das Zeitstück pflegt, ist lebensnotwendig für die Erziehung und Bildung jedes Staatsbürgers.

Unsere Zeit brennt von großen Problemen. Wer kann sie stärker spiegeln als die Schauspielbühne?

Es ist eine junge Generation am Werke, die wieder zu großer deuscher Weltanschauung und starker Erneuerung des deutschen Volkes will.

Wo kann diese Sehnsucht nach Erneuerung und Kraft und Stärke unseres Lebens intensiver ausgetragen werden als auf der Schauspielbühne?

Mancher verzagt im Druck des Alltags.

Was kann ihn wieder mehr aufrütteln als die Schauspielbühne, mit befreiendem Frohsinn und erlösendem Lachen.

Darum: abonniert!

Haben Sie schon abonniert?

Photo Brockshus

Bis zum 1. Januar 1930 sind erworben:

Das Lamm des Armen, *Schauspiel von Stefan Zweig*

Der berühmte Romancier, der wohl als der beste deutsche Stilist anzusprechen ist, behandelt in seinem neuen Schauspiel eine Episode aus dem Liebesleben Napoleons auf seinem ägyptischen Feldzuge. Die Hauptrolle in diesem tiefmenschlichen Schauspiel wird Werner Krauss an der Hofburg in Wien kreieren.

Brest-Litowsk, *Schauspiel von Hans Rehfisch und Wilhelm Herzog*

Ein großer Moment des Weltkrieges, die Verhandlung des Generals Hoffmann mit der russischen Revolutionsregierung, wird in der Behandlung so starker Dramatiker, wie Hans Rehfisch und Wilhelm Herzog, wieder lebendig und zu einem Dokument geschichtlich-dramatischen Schaffens. Von den beiden Autoren stammt bekanntlich „Die Affäre Dreyfus".

Katharina Knie, *Schauspiel von Carl Zuckmayer*

„Der fröhliche Weinberg", „Schinderhannes" und „Rivalen" des rheinischen Dichters sind dem Bremer Publikum bereits bestens bekannt. Der volkstümliche Dichter zeichnet ein Menschenschicksal in der Umwelt bunten Wanderzirkuslebens mit Eindringlichkeit und liebevoller Hingabe an seine Menschen.

Straßburg, *Schauspiel von Carl Zuckmayer*

Das neueste Werk des Dichters. Ein Schauspiel um die uns entrissene Feste deutschen Wesens.

Der Lügner und die Nonne, *Komödie von Curt Götz*

Der Verfasser vieler ergötzlicher Komödien voll Satire und guter Laune inszeniert in seinem neuesten Werke ein amüsantes Doppelspiel menschlichen Erlebnisses in feiner, pointierter Lustspielform. Der Erfolg bei der Hamburger Uraufführung war, wie bei allen Stücken des Schauspieler-Dichters, triumphal.

Der Kaiser von Amerika, *Komödie von Bernard Shaw*

Ein erlesener Genuß, den geistreichen Iren mit den politischen Verhältnissen unserer Zeit Abrechnung halten zu sehen. Frisch und jung wie ein Erstlingswerk und von außerordentlicher Reichweite sozialen und politischen Denkens.

Eins, zwei, drei, *Komödie von Franz Molnar*

Bei der Uraufführung in Berlin nicht nur der größte Pallenberg-Erfolg, sondern auch ein überlegener Sieg des Komödiendichters Molnar.

Dazu:

Souper, *Lustspiel von Franz Molnar*

Ein zwar älteres, aber trotzdem köstliches Lustspiel aus der Gesellschaft.

Reporter, *Komödie von Ben Hecht und Charles Arthur*

Rasender Rhythmus der Zeit, der seinen Niederschlag in dem aufreibenden, hastenden Reporterleben einer Chicagoer Zeitung findet. Reinhardts Serienerfolg.

Soeben erschienen, *Komödie von Edouard Bourdet*

Der Verfasser der „Gefangenen", ein hervorragender Künder gallischen Esprits und Denkens, bringt ein ganz neues Milieu auf die Bühne: den „Verleger" und die „Literaturpreisjäger". Die scharf herausgearbeiteten Gestalten, der elegante Witz und die zugespitzt antithetische Form des Werks sicherten den ungewöhnlichen Erfolg der Komödie (Wien, München, Berlin).

Artisten, *Schauspiel von Manker Watters u. Arthur Hopkins*

Amerikanisches Artistenleben. Im Garderobenraum und auf der Varietébühne spielend, bietet das anspruchsvolle Werk dem Theater Gelegenheit, schauspielerische und artistische Leistungen zu entfalten. Durchschlagender Erfolg in Amerika, England, Wien und Berlin (Max Reinhardt).

Die Sache, die sich Liebe nennt, *Komödie von Edwin Burke*

Eine entzückende Gesellschaftskomödie über Ehe und freie Gemeinschaft in Theorie und Praxis. Voll Humor und Witz und menschlicher Einsicht. Überall ein durchschlagender Erfolg.

Peripherie, *Schauspiel von Franz Langer*

Ein herrliches Stück von dichterischer Atmosphäre.

Verbrecher, *Schauspiel von Ferdinand Bruckner*

Elisabeth u. Essex, *Schauspiel von Ferdinand Bruckner*

Ferdinand Bruckner (bekanntlich ein Pseudonym, der wahre Autor ist unbekannt) ist eine der stärksten Hoffnungen der neuen deutschen Literatur. Man weiß, einen wie ungeheuren Erfolg die „Verbrecher" bei Reinhardt ausgelöst haben.

Saltomortale, *Schauspiel von Fritz Gottwald*

Ein Werk von peitschender Spannung und originellem Vorwurf.

Die Füllfeder, *Lustspiel von Ladislaus Fodor*

Ein entzückendes Capriccio des Autors von „Arm wie eine Kirchenmaus".

Die Erwerbungen werden ständig fortgesetzt.

DAS ABONNEMENT

A. Abonnements mit festen Plätzen

I.
Die Kammerspiele
„Der Mittwoch" und „Der Freitag"

sind die seit Jahren von der Bremer Gesellschaft besonders bevorzugten Schauspielabende. Sie sind gesellschaftliche Zusammenkünfte und künstlerische Höhepunkte. Die Besucher der Kammerspiele „Der Mittwoch" und „Der Freitag" erhalten in der Regel Erstaufführungen der wertvollen ernsten wie heiteren Werke. — Das Abonnement kann in zwei Raten entrichtet werden und zwar: die 1. Rate beim Empfang der Karten, die 2. Rate am 1. Februar 1931. Den Abonnenten ist im Verhinderungsfalle ein Umtausch ihrer Karten gestattet u n d z w a r bis mittags 1 Uhr am Vortage der betreffenden Vorstellung. Die Abonnementsumtauschkarten gelten nur für die laufende Spielzeit. Die Abonnements werden für feste Plätze ausgegeben.

Es kommen 21 Werke zur Darstellung.

	Kassenpreis	Abonnementspreis	die 21 Vorstellungen zusammen
Orchestersessel			
Clubloge	Rm. 6.—	Rm. 4.80	Rm. 100.80
Rangsessel 1. Reihe . .			
I. Parkett 1.—8. Reihe .			
Rangsessel 2.—3. Reihe .	„ 5.—	„ 4.—	„ 84.—
Rangloge 5—8			
Mittelparkett	„ 4.—	„ 3.20	„ 67.20
II. Parkett	„ 3.50	„ 2.50	„ 52.50
II. Rang 1.—2. Reihe . .	„ 2.50	„ 1.65	„ 34.65
II. Rang 3.—5. Reihe .	„ 2.—	„ 1.—	„ 21.—

(Ein Umtausch der II. Rang-Karten kann wegen der starken Verbilligung nicht stattfinden.)

II.

Das Sonder-Abonnement

„Der Dienstag" und „Der Donnerstag"

Die Vorteile des Sonderabonnements sind: Es ist billiger als die Kammerspiele. Das Sonderabonnement gilt für einen festen Platz.

Es kann obendrein in drei gleichen Raten entrichtet werden und zwar: Die 1. Rate beim Empfang der Karten, die 2. Rate am 1. Oktober 1930, die 3. Rate am 1. Februar 1931.

	Kassenpreis	Abonnementspreis	Abonnement
II. Rang 6.—7. Reihe	Rm. 1.50	Rm. 0.75	Rm. 15.75
II. Rang 3.—5. Reihe	„ 2.—	„ 1.—	„ 21.—
II. Rang 1.—2. Reihe	„ 2.50	„ 1.65	„ 34.65
II. Parkett	„ 3.50	„ 2.20	„ 46.20
Mittelparkett	„ 4.—	„ 2.70	„ 56.70
Rangloge 5—8			
Rangsessel 2.—3. Reihe	„ 5.—	„ 3.40	„ 71.40
I. Parkett 1.—8. Reihe			
Rangsessel 1. Reihe			
Clublogen 1—4	„ 6.—	„ 4.40	„ 92.40
Orchestersessel			

B. Abonnements mit Gemeinschaftscharakter

I.

Das Gemeinschaftstheater im Schauspielhaus

Das Gemeinschaftstheater ist eine „Kunstgemeinde", die kein anderer Glaube bindet, als der an die Mission des deutschen Geistes in der Welt. Sie ist der bewußte Versuch in einem Theater, das keine Rang- und Klassenunterschiede kennt, und das im Gegensatz zu anderen Organisationen von jeder parteipolitischen Einstellung frei ist.

Das Gemeinschaftstheater gewährt einen sorgfältig ausgewählten, stofflich interessanten und geistig hochwertigen Spielplan. Das Abonnement (ein Anteil), 21 Vorstellungen umfassend (alle 14 Tage), kostet Mk. 42.—. Das Abonnement kann in sechs Raten beglichen werden und zwar:

Mk. 2.50 als Anzahlung bei der Anmeldung (Unterschrift)
Mk. 7.90 Anfang Juli 1930
Mk. 7.90 Anfang September 1930
Mk. 7.90 Anfang November 1930
Mk. 7.90 Anfang Januar 1931
Mk. 7.90 Anfang März 1931

Die Vorstellungen finden serienweise, Montags, Dienstags, Mittwochs und Freitags statt.

Falls also jemand beispielsweise die Dienstagsserie wählt, wird er an jedem 2. Dienstag seine Vorstellungen haben. Jeder Teilnehmer erhält bei der Zahlung der 2. Rate (im Juli 1930) seine Eintrittskarte für sämtliche 21 Vorstellungen in der Geschäftsstelle des Goethebundes ausgehändigt. Jeder Teilnehmer erhält vier verschiedene feste Plätze, die er, der auf der Eintrittskarte verzeichneten Reihenfolge nach, abwechselnd belegt. Die

Platzverteilung erfolgt nach dem Grundsatz der Gleichberechtigung. — Anmeldungen werden in der Geschäftsstelle des Goethebundes im Schauspielhause (Fernspr.: Domsheide 275 10) in der Zeit von 10.30—1.30 Uhr entgegengenommen.

II.
Die „Deutsche Bühne des Schauspielhauses"

Die „Deutsche Bühne des Schauspielhauses" ist ein volkstümlicher Gesellschaftsabend, der Montags alle vierzehn Tage stattfindet. Es sollen vor allem Stücke von deutschem und deutschverwandtem Wesen gepflegt werden.

Jeder Teilnehmer erhält bei der Zahlung der 2. Rate am 2. Juli 1930 seine Eintrittskarte für sämtliche Vorstellungen ausgehändigt.

Jeder Teilnehmer erhält vier verschiedene f e s t e Plätze, die er, der auf der Eintrittskarte verzeichneten Reihenfolge entsprechend, abwechselnd belegt. Die Platzverteilung erfolgt nach dem Grundsatz der Gleichberechtigung.

Das Abonnement kann in sechs Raten beglichen werden und zwar:

Mk. 1.— als Anzahlung bei der Anmeldung (Unterschrift)
Mk. 9.— am 2. Juli 1930
Mk. 9.— Anfang September 1930
Mk. 9.— Anfang November 1930
Mk. 9.— Anfang Januar 1931
Mk. 9.— Anfang März 1931

Preis des Abonnements: Mk. 46.—

(Für dieses Abonnement sind auch feste Plätze zu Sonderabonnementspreisen erhältlich.)

An alle Abonnenten. J e d e s Abonnement aller Gattungen erneut sich stillschweigend von Spielzeit zu Spielzeit, wenn es nicht vom Abonnenten spätestens am 31. März eines Jahres durch eingeschriebenen Brief gekündigt ist oder für die jeweils kommende Spielzeit eine P r e i s e r h ö h u n g erfährt.

Sie haben noch nicht abonniert?

Jetzt wird es aber höchste Zeit!

Photo Brockshus

Die Vorteile des Abonnements

Der regelmäßige Theaterbesuch, dessen Genuß man sich durch ein — die Tagespreise stark verbilligendes — Abonnement verschaffen kann, das alle 14 Tage auf einen bestimmten, selbstgewählten Tag fällt, wirkt nicht allein in seinem Wechsel von klassischen und modernen, ernsten und heiteren Werken anregend und erzieherisch, sondern sollte auch schon eine wohltuende Vorfreude auf den Tag der Vorstellung auslösen.

Damit jeder nach seinem Können und Vermögen und nach Lust und Laune abonnieren kann, hat das Schauspielhaus die verschiedenen Arten von Abonnements aufgelegt.

Ein Abonnement im Schauspielhause eignet sich auch vorzüglich zu Geschenkzwecken, da es Wert und Dauer besitzt.

Inhaber eines Abonnements genießen:

Verbilligung des Theaterbesuchs, da der Abonnementspreis weit unter dem Tagespreise liegt.

Den Vorteil, für alle Vorstellungen, auch bei ausverkauftem Hause, einen gesicherten Dauerplatz zu besitzen.

Die Gewähr einer Anzahl von 21 Vorstellungen verschiedener Stücke im Laufe der Spielzeit.

Die Vergünstigung erleichterter Zahlungsbedingungen, da der Abonnementspreis ratenweise entrichtet werden kann.

Restaurant I. Rang

ALFRED TISCHNER, KUNSTHÄNDLER

FERNRUF
DOMSHEIDE 265 62

BREMEN
MOZARTSTR. 18

CARL JORRES, STILLEBEN

GEMÄLDE MODERNER MEISTER

WOHNUNGS-EINRICHTUNGEN
IN JEDER PREISLAGE

Deutsche Teppiche
Orient-Teppiche
Dekorationsstoffe
Möbelstoffe
Tapeten
Gardinen
Linoleum

HEINR. BREMER

BREMEN
DOMSHOF 14

Möbelfabrik / Bautischlerei
Eigene Polsterei

Theater-Restaurant
und Café

gegenüber dem Stadttheater
Inhaber: Heinrich Topp

Die exquisite Küche
Das vornehme Café
Die hervorragende Kapelle

Strumpfhaus „Hasko"

SÖGESTR. 11/13

SPEZIALHAUS FÜR STRUMPFWAREN SEIDENWÄSCHE

EINMALIGE ÜBERZEUGUNG U. SIE WERDEN UNSER STÄNDIGER KUNDE

EIN GUTES THEATERGLAS erhöht nicht nur die Wirkung der Bühnenbilder, es zeigt auch scharf die Mimik der Künstler und erleichtert dadurch das Verstehen sehr leise gesprochener Worte!

Theatergläser in einfacher u. Luxusausführung in allen Preislagen

OPTIKER MAX DENNER
Vor dem Steintor 84 - Fernruf: Hansa 698

Friederike Kallmann
Charlotte Kallmann

Gesang-Unterricht Stimmbildung. Ausbildung für Haus und Konzert

Klavier-Unterricht auf neuzeitiger Grundlage

Gehörbildung Tonika Do. Kurse für Kinder und Erwachsene

Varta-Dienst

Neulieferung
Reparaturen
Ladestation

Klasen & Wunnenberg
Bremen, Schildstr. 25, Fernruf Domsh. 2608 2

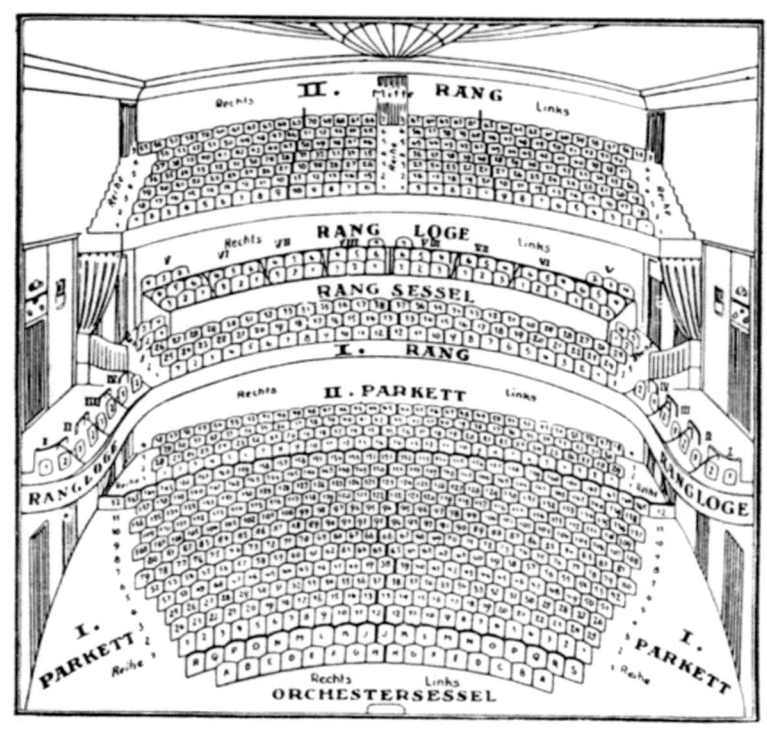

E. SCHLOTTE, Obernstraße 44–54
Luxus-, Schmuck- u. Lederwaren
Kristall, Porzellan

Den Entwurf für das Titelbild lieferte die „Tempo Propaganda", Bahnhofstr. 32.
Die Fotos der Bühnenbilder lieferte die Firma Willy Dose, Am Wall 117.
Die Fotos der Mitglieder lieferte die Firma Oskar Brockshus, Am Wall 175.

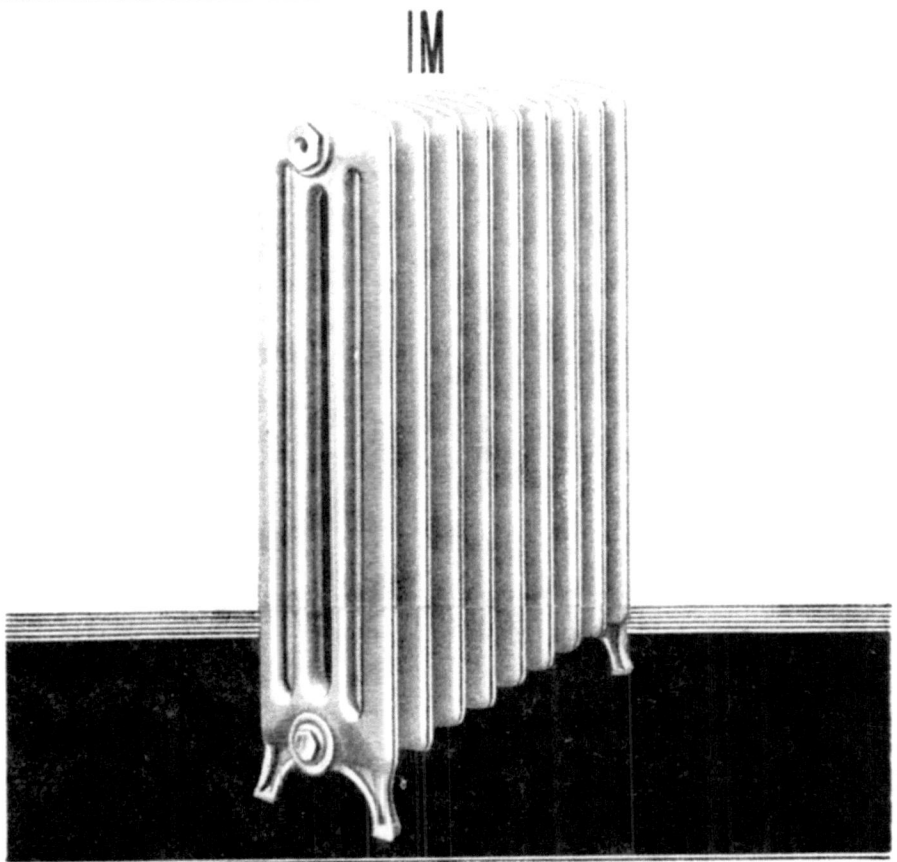